Aufbaukeramik

Töpfern ohne Scheibe

Angelika Massenkeil

Aufbaukeramik

Töpfern ohne Scheibe

Die Deutsche Bibliothek – CIP-Einheitsaufnahme
Aufbaukeramik. Töpfern ohne Scheibe/Angelika Massenkeil. – Wiesbaden: Englisch, 2000
ISBN 3-8241-0936-0

ISBN 3-8241-0936-0

Fotos: Frank Schuppelius
Herstellung: Michael Feuerer
Printed in Spain

Inhaltsverzeichnis

Vorwort

Das Interesse an Keramik wächst heute ständig. Verwunderlich ist das nicht, denn Töpfern ist seit altersher eines der faszinierendsten handwerklichen Tätigkeiten der Menschen überhaupt und begeistert in unserer modernen Gesellschaft mehr denn je. Bemerkenswert ist, dass auch schon der ungeübte Hobbytöpfer einen funktionalen Gegenstand wie beispielsweise eine Vase oder eine Schale selber herstellen kann.

Das Töpferhandwerk mit all seinen Facetten zu erlernen erfordert eine jahrelange Ausbildung, allein das Drehen auf der Töpferscheibe, so spielend einfach es auch anmutet, erfordert eine mehrjährige disziplinierte Schulung. Der Hobbytöpfer hat es da einfacher, denn er kann sich der in diesem Buch vorgestellten Arbeitsmethoden bedienen. Beim Töpfern gibt es nur wenige technische Regeln, die man sich schnell aneignen kann. Den Erfolg Ihrer Töpferei messen Sie in Ihrer eigenen Zufriedenheit.

In meinen Kursen fällt es immer wieder auf, wie begeistert die Kursteilnehmer bei der Sache sind, und kaum ist ein Projekt fertig, wird schon das nächste geplant. Oft wird spontan Ton mit nach Hause genommen, um dort weiter zu machen. Allerdings kommt der Ton oft in der Form wieder zurück, wie er mitgenommen wurde. Zuhause fällt es den meisten schwer, eigene Ideen umzusetzen. Das selbstständige Arbeiten zu Hause scheitert oft an der fehlenden Anleitung und daran, dass man den Weg zum technischen Aufbau nicht findet. Mit meinen Arbeiten möchte ich alle Hobbytöpfer ermutigen und Ihnen in detaillierten Schritt-für-Schritt-Anleitungen Hilfestellung geben.

Angelika Massenkeil

Grundsätzliches zum Material Ton

Wer mit Ton arbeitet, sollte wissen, was Ton eigentlich ist.
Ton ist ein natürlich vorkommendes Material. Es ist ein bildsames Mineral, das aus magmatischem Gestein im Laufe von Millionen von Jahren durch einen geologischen Verwitterungsprozess entstanden ist. Sobald wir Ton hohen Hitzegraden aussetzen, verwandeln wir ihn wieder zurück in ein gesteinsähnliches Material. Neben vielen anderen Bestandteilen enthalten Tone verschiedene Metalloxide. Das ist für den Töpfer insofern von Bedeutung, als er über eine große Auswahl von Tonsorten verfügen kann. Es gibt weiße, rote, lederfarbige, braune, schwarze und auch graue Tone. Ein stark eisenoxidhaltiger Ton hat eine hochrote Brennfarbe, hohe Anteile von Manganverbindungen färben den Ton braun bis schwarz.

Hinsichtlich der variablen Teilchengröße unterscheiden sich die Tone auch in ihrer Plastizität, je kleiner die Teilchen, desto plastischer ist der Ton. Man spricht daher auch von fettem oder plastischem Ton und – im Gegensatz dazu – von magerem oder unplastischem Ton. Das hat mit einem wirklichen Fettgehalt nichts zu tun. Der fette oder plastische Ton fühlt sich glatt und geschmeidig an und ist sehr bildsam. Der magere Ton fühlt sich rau und stumpf an und ist weniger bildsam.
Gewisse Zusätze können die Verarbeitbarkeit des Tons verbessern. Ein gebräuchlicher Zusatz ist Schamotte (auch Magerungsmittel

genannt). Schamotte ist in verschiedener Körnung gemahlener bereits gebrannter Ton. Er wird dem plastischen Ton beigemischt, um ihm eine größere Stabilität zu verleihen und ihn luftdurchlässiger zu machen, sodass die Gase beim Brennen gut entweichen können. Die Zugabe von Schamotte bewirkt außerdem eine Verringerung der Schwindung des Tons beim Trocknen, was sich positiv auf ein eventuelles Verziehen und Reißen auswirkt.

Schlicker ist ein mit Wasser angemachter Tonbrei, der wie ein „Klebstoff" lederharte und/oder plastische Tonstücke miteinander verbindet. Der Schlicker muss aber aus demselben Ton wie das Werkstück sein. Es gibt verschiedene Methoden, Schlicker anzurühren. Man kann kleine nasse Tonstückchen mit Wasser solange verrühren, bis sie cremig sind; einfacher ist es jedoch, ein Stück Ton auszurollen, dieses trocknen zu lassen und es zu zerkleinern, sodass Tonmehl entsteht. Dieses Tonmehl lässt sich mit Wasser leichter verrühren als frischer Ton. Ich lege dazu die getrocknete Tonplatte in eine feste Plastiktüte und rolle mit dem Rollholz darüber, bis die Platte fein zerkrümelt ist.

Der Berufstöpfer kann seinen Ton selbst aufbereiten. Für Hobbytöpfer empfiehlt sich jedoch der Kauf von fertigen Massen. Sie erhalten diese fertigen Massen in Geschäften für Keramikbedarf in verschiedenen Tonfarben und Körnungen. Er ist in der Regel in 10-kg-Hubeln abgepackt und in einer stabilen und gut verschlossenen Plastiktüte verpackt. So verpackt und im Keller frostfrei gelagert können Sie den Ton darin jahrelang aufheben.

Für die im Buch gezeigten Arbeiten wurde gebrauchsfertiger Ton mit 25 % Schamotte-Anteilen, Körnung 0–0,5 mm (Typ 2505) und mit einer Körnung von 0,5–1,0 mm (Typ 2510) in den Farben Weiß, Rot und Schwarz aus dem Westerwald verwendet.

Der Arbeitsplatz

Ein spezieller Raum fürs Töpfern erleichtert die Arbeit natürlich ungemein. Aber natürlich kann der Arbeitsplatz auch in einem hellen Eckchen in der Küche sein. Wenn Sie eine Werkstatt neu planen, sollten Sie zuerst den Platz für den Brennofen festlegen. Der Ofen sollte nicht im Weg stehen, und die große Hitze, die beim Brennen abgegeben wird, sollte keinen Schaden anrichten können. Die Regale zum Trocknen sollten also nicht in der Nähe des Ofens sein. Neben dem Brennofen sollte sich entweder ein Fenster oder ein Abzugsgebläse befinden, um die beim Brennen entstehenden Dämpfe abzuleiten. Auch ein Feuerlöscher in der Nähe des Brennofens sollte vorsichtshalber bereit gehalten werden. Der Arbeitstisch sollte idealerweise in der Mitte des Raumes stehen und mindestens von zwei Seiten zugänglich sein. Er sollte sehr stabil und möglichst groß sein. Die Werkzeuge sollten einen festen Platz haben, denn nichts ist zeitraubender als das Suchen nach einem bestimmten Modellierholz oder einer Schere. In ein Regal aus Holzrosten können Sie Ihre Objekte zum Trocknen hineinstellen. Günstig sind ein Wasseranschluss und ein Waschbecken in der Werkstatt. Obwohl die Aufbaukeramik wesentlich weniger Staub hinterlässt als das Arbeiten an der Drehscheibe, macht auch hier der Staub Schwierigkeiten. Daher ist es ratsam, den Raum mit einem feucht abwischbaren Bodenbelag, zum Beispiel Fliesen oder Linoleum, auszustatten. Beim Töpfern fallen oft Tonkrümel zu Boden, und beim Glasieren lassen sich Glasurspritzer auf dem Boden nicht vermeiden. Befindet sich Ihre Werkstatt in einem Durchgangszimmer, so legen Sie am Ein- und Ausgang einen feuchten Lappen zum Schuheabtreten auf den Boden.

Das Licht spielt beim Gestalten eine große Rolle. Am idealsten ist Tageslicht, direkte Sonneneinstrahlung sollte man jedoch vermeiden. Richten Sie die künstliche Beleuchtung so ein, dass Ihre eigenen Hände keinen Schatten auf Ihre Arbeit werfen.

Werkzeug und Geräte

Bei der Aufbaukeramik kann man sich auf wenige Werkzeuge beschränken, Sie finden eine Grundausstattung nachfolgend aufgeführt.

- einige Pressspan- oder Sperrholzbretter in verschiedenen Größen als Arbeitsunterlage; Kunststoffplatten oder beschichtete Spanplatten sind ungeeignet, da der Ton daran festklebt.
- Tonschneidebügel oder Schneidedraht
- Modellierhölzer in verschiedenen Ausführungen,Modellierschlingen zum Aushöhlen und Abtragen
- Rollholz (Nudelholz)
- Schaschlikstäbchen
- Kochlöffel mit langem Stiel
- Gabel und spitzes Messer
- Graviernadel zum Schneiden, Ausschneiden und Ritzen
- Kunststoff-Teigschaber ohne Stiel
- Maßband und evtl. Zirkel
- Ausstechförmchen (vom Plätzchenbacken)
- eine Töpferränderscheibe ist praktisch, aber nicht unbedingt notwendig
- Gipsformen: Halbkugelform 15 cm ∅ und 20 cm ∅, evtl. 25 und 35 cm ∅
- Schleifpapier grobe Körnung

Da ich ausschließlich mit fertig angerührten Glasuren glasiere, benötigen Sie zum Glasieren nur Borstenpinsel in verschiedenen Stärken sowie einen feinen Haarpinsel und einen Schwamm.

Ratschläge im Umgang mit Ton

Sie erhalten den 10-kg-Hubel Ton gebrauchsfertig im Kunststoffhandel, er bedarf keiner weiteren Bearbeitung mehr, und Sie können sofort damit töpfern. Kleine Tonabfälle gebe ich in den Schlickerbehälter, größere Tonabfälle, die beim Arbeiten anfallen, sammle ich in einem sauberen Kunststoffeimer mit Deckel (für jede Tonfarbe separat). Wenn dieser Ton etwas angetrocknet ist, können Sie ihn durch Einschlagen in ein nasses Tuch wieder weich bekommen. Ist er sehr trocknen, können Sie mit einem Rundholz Löcher hineinbohren, diese mit Wasser auffüllen und den Ton so wieder geschmeidig machen. Eine völlig ausgetrocknete Masse können Sie mit dem Hammer zerkleinern und in kleinen Mengen in nassen Lappen wieder aufweichen. Aus diesem wieder aufbereiteten Ton muss vor der Verarbeitung sorgfältig die Luft herausgeschlagen werden. Anschließend muss der Ton sorgfältig geknetet werden. Ton ist nur so lange plastisch, solange er feucht genug ist. Wenn Sie ein angefangenes Werkstück erst am nächsten Tag fertigstellen wollen, können Sie es bis dahin feuchthalten, indem Sie es mit Wasser aus einer Sprühflasche besprühen und in eine dünne Plastikfolie einwickeln. Größere Stücke sollten Sie nicht auf einmal, sondern stufenweise aufbauen, denn nur so kann man sie vor dem Zusammensacken bewahren. Lassen Sie hierfür den unteren Teil Ihrer Arbeit einige Stunden antrocknen, decken Sie aber unbedingt den Rand, auf dem Sie später weiter aufbauen wollen, mit dünner Folie

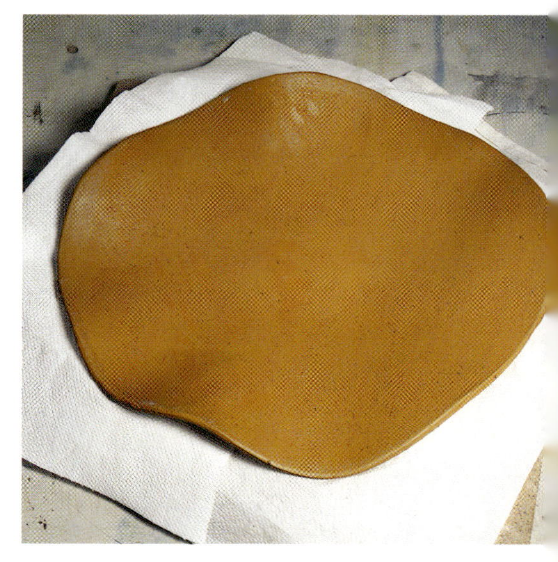

oder Zeitungspapier ab, damit dieser nicht zu trocken wird und reißt. Bereits beim Formen des Tons sollte man auch an das Trock-

nen der Arbeit denken. Tonwandungen von unterschiedlicher Dicke schwinden (trocknen) in unterschiedlichen Zeitspannen, was Risse verursachen kann. Deshalb sollte man zum Beispiel bei einem Gefäß den Boden nicht dicker als die Wände, oder umgekehrt, ausarbeiten. Auch sollte der Boden des Gefäßes nicht auf der Unterlage festhaften, er sollte sich vielmehr darauf bewegen können.

Das Gestalten von Oberflächen

Nicht nur die Form eines Gefäßes, sondern auch die Oberfläche und Farbe desselben müssen zueinander passen, um insgesamt eine harmonisch abgerundete Form zu erhalten. Die gerade bei Hobbytöpfern bekannteste Form der Dekoration ist die Glasur, sie verleiht der Keramik Farbe und je nach Art der Glasur auch Struktur. Will man den Ton jedoch in seiner ursprünglichen Farbe belassen, verleiht das Einritzen, Eindrücken und Aufsetzen von Mustern dem Ton eine interessante Oberfläche. Das geschieht am besten zu einem Zeitpunkt, wo der Ton noch feucht ist. Mit verschiedenen Gegenständen wie Gabeln, Spachteln und Kämmen können Linien und Streifen geritzt werden. Grobe Stoffgewebe, wie Jute oder Spitze, hinterlassen gerade auf Tonplatten genauso interessante Strukturen wie der Abdruck von frischen Blättern. Wollen Sie bestimmte Muster öfter anwenden, so stellen Sie sich selbst einen dauerhaften Tonstempel her. Dazu rollen Sie eine kleine Tonwulst aus und flachen das Ende ab, sodass an einer Seite eine gerade Oberfläche entsteht und es die Form eines Pilzes hat. In die Oberfläche ritzen oder drücken Sie Ihr Muster hinein. Lassen Sie den „Pilz" trocknen und brennen Sie ihn dann. So können Sie Ihren Stempel immer wieder benutzen. Einen Stempel mit Ihren Initialen können Sie gleichfalls in dieser Weise herstellen.

Das Trocknen

Genauso wichtig wie das Feuchthalten des Tons bei der Arbeit ist das langsame und gleichmäßige Trocknen des fertigen Werkstückes.

Dabei liegt die Betonung auf der Gleichmäßigkeit des Trocknungsvorganges. Beim Trocknen verdunstet das Wasser aus dem Ton, die Tonteilchen werden näher zusammengezogen; dadurch verringert sich das Volumen des Werkstückes um ca. 10 %. Für den Trocknungsgrad des Tons kennt man die Begriffe:

Lederhart

Lederhart bezieht sich auf den Zustand, in dem der Ton leicht angetrocknet, jedoch noch feucht ist. Der Ton lässt sich noch eindrücken, aber nur noch wenig biegen. Der lederharte Ton lässt sich polieren und wie Leder schneiden. Gerade in der Plattentechnik arbeitet man oft mit lederhartem Ton.

Knochentrocken

Knochentrocken ist der Ton, wenn er an der Luft völlig ausgetrocknet ist. Er lässt sich in diesem Trocknungsstadium nicht mehr formen. Man kann ihn jedoch mit Schmirgelwerkzeugen bearbeiten.
Knochentrockener Ton ist sehr bruchempfindlich, man muss in diesem Stadium mit den fertigen Werkstücken sehr vorsichtig umgehen. Das gilt insbesondere, wenn man die Werkstücke zum Brennen weggeben muss.
Die Dauer des Trocknens fertig gearbeiteter Werkstücke hängt von verschiedenen Faktoren ab: von der Raumtemperatur, der Luftfeuchtigkeit und vor allem von der Größe und der Stärke der Wandung und nicht zuletzt auch von der Form des Werkstückes.
Grundsätzlich gilt: Lassen Sie Ihre Werkstücke für ein gleichmäßiges Durchtrocknen besser in einem Keller trocknen als in einem beheizten Zimmer. Stellen Sie die fertige Arbeit auf ein Pressspanbrett ins unterste Regal und decken Sie die oberen offenen Ränder sorgfältig mit Zeitungspapier oder dünner Folie ab, denn die Werkstücke trocknen von oben nach unten. Das bedeutet, wenn Sie es nicht abdecken würden, würde zum Beispiel bei einem Gefäß der obere Teil der Wandung schon trocken sein, während der Boden, da sich auch das Wasser hier sammelt, noch sehr nass ist. Das führt zwangsläufig zu Trocknungsrissen. Abstehende Teile, zum Beispiel Henkel, dünne aufgesetzte Blätter usw. müssen bis zum völligen Trocknen zusätzlich mit weichem Küchenkrepp vor zu schnellem Austrocknen geschützt werden. Wenn Gefäße lederhart sind, können sie sich nicht mehr verformen. Deshalb muss man sie zum Trocknen des Gefäßbodens auf den Kopf stellen. Reliefs, Schalen und Platten verziehen sich beim Trocknen sehr leicht, sie müssen deshalb gut mit Zeitungspapier auch über den Rand des Werkstückes hinaus abgedeckt werden.
Auch sollte man hier die Unterlage, d.h. die Pressspanplatte, nach dem Antrocknen vorsichtig entfernen und das Werkstück auf eine trockene Platte umsetzen, damit der Boden des Objekts durch die Nässe in der Pressspanplatte nicht vom Trocknen zurückgehalten wird.
Kugelformen oder in sich geschlossene kompakte Formen sind beim Trocknen sehr unkompliziert, sollten aber dennoch langsam unter Zeitungspapier getrocknet werden.

Das Brennen

Wenn Sie einen eigenen Ofen haben, beachten Sie für die Brandführung die Angaben des Herstellers. Wenn Sie keinen Ofen besitzen, können Sie im Hobbyfachhandel oder bei der Volkshochschule nach einem Brennservice nachfragen. Es gibt im Handel jedoch schon eine große Anzahl von Hobby-Elektroöfen in verschiedenen Größen, die keine besonderen Anschlüsse voraussetzen.

Der Schrühbrand

Sobald ein Werkstück völlig trocken ist, kann es in den Brennofen gesetzt und gebrannt werden. Ob ein Gefäß völlig trocken ist, erkennen Sie auch an der Farbe des Tons, trockener Ton weist einen helleren Farbton auf als nasser Ton. Der Schrühbrand ist der erste Brand, das Vorbrennen vor dem Glasieren, und erfolgt in der Regel bei 900 Grad C. Hierbei verwandelt sich der Ton in einen festen, porösen (aber noch nicht dicht gesinterten) Scherben, auf dem die Glasur gut haftet. Deshalb spricht man bei gebranntem Ton von einem Scherben.

Beim Schrühbrand dürfen die Werkstücke dicht aneinander gestellt werden, und Gefäße mit Deckel können mit aufgesetztem Deckel, wie bei dem Zwiebeltopf und den Vorratsdosen, in den Ofen geräumt werden. Man kann verschieden große Gefäße sogar ineinander stellen.

Die größten und schwersten Stücke sollten Sie nach unten setzen und beim weiteren Einräumen auch auf eine ausgewogene Verteilung des Gewichtes achten. Für den Brennverlauf sollten Sie die Angaben des Ofenherstellers beachten.

Das Glasieren

Mit einer Glasur kann man das Aussehen seines Werkstückes sehr verändern, man kann es verbessern, im ungünstigen Fall aber auch verderben. Das Gebiet ist groß, und oft braucht man Jahre, um die „richtige" Glasur zu finden. Der Keramikbedarfs-Handel hält eine Vielzahl von Glasuren bereit, die matt oder glänzend sind. Sie werden meistens aber noch in Pulverform geliefert, der Glasurstaub ist gesundheitsschädlich, und man sollte beim Anrühren des Pulvers mit Wasser stets eine Staubmaske tragen. Aus diesem Grund verwende ich ausschließlich fertig angerührte Glasuren. Von jeder Glasur sollte man eine Brennprobe mit den Tonen machen, mit denen man arbeitet, denn ein und dieselbe Glasur kann auf weiß- oder rotbrennendem Ton völlig anders aussehen. Brennen Sie die Glasur auf der Temperatur, die der Hersteller empfiehlt, und beachten Sie die Verarbeitungsvorschriften. Die meisten Glasuren müssen vor dem Gebrauch gründlich aufgerührt werden. Schauen Sie sich nun das zu glasierende Werkstück an: weist es scharfe Ecken und Kanten oder sonstige kleine Unebenheiten auf, können diese jetzt mit grobem Schleifpapier abgeschliffen werden. Die zu glasierenden Objekte sollten immer staub- und fettfrei sein. Liegt der Schrühbrand schon lange zurück, sollten Sie Ihre Werkstücke vor dem Glasieren einfach abwaschen und gut an der Luft trocknen lassen. Danach tragen Sie Ihre Glasur auf. Fertig angerührte Glasuren, also Flüssigglasuren, werden immer mit einem Borstenpinsel satt aufgetragen, wobei der Boden eines Gefäßes oder die Standfläche einer Plastik nicht mitglasiert werden darf; denn sie würde sonst auf der Ofenplatte festbacken. Anstelle einer Glasur wähle ich manchmal Braunstein, wie zum Beispiel bei dem Zwiebel- oder Kartoffeltopf. Braunstein ist ein Manganoxid und gibt gerade weißem Scherben ein bräunlich-patiniertes Aussehen. Sie erhalten ihn in Pulverform und rühren ihn einfach mit Wasser an. Dieses nun schwarz gefärbte „Wasser" wird mit einem Borstenpinsel auf die geschrühte Plastik aufgetragen. Sobald das Objekt trocken ist (es trocknet sehr schnell), wird es mit einem feuchten Schwamm abgewaschen, wobei die dunkle Färbung dann in den Vertiefungen der Oberfläche erhalten bleibt. Der Glattbrand sollte dann wenigstens bei 1080 Grad C erfolgen, weil der Braunstein erst dann seinen schönen bräunlichen Farbton entfaltet, vorher ist er eher dunkelgrau.

Der Glasur- oder Glattbrand

Der zweite Brand, der Glasur- oder Glattbrand, hat eine höhere Temperatur als der Schrühbrand. Bei diesem Brand verdichtet sich die Masse noch weiter, d. h. der Scherben wird durch nochmaliges Schwinden dichter. Während dieses Brandes schmilzt die aufgetragene Glasur zu Glas, dringt in den Ton ein und verbindet sich ganz und gar damit. Achten Sie darauf, dass Sie auf keinen Fall die für Ihren Ton angegebene Brenntemperatur überschreiten. Ein Überschreiten der Brenntemperatur hat zur Folge, dass der Scherben weich wird und schmilzt. Zum Einräumen des Ofens für den Glattbrand sollten Sie sich Zeit nehmen, denn der kleinste Fehler kann schlimme Folgen haben. Die Ofeneinsetzplatten sollten mit einem sogenannten

Trennmittel gestrichen sein, damit herablaufende Glasur, die daran festbackt, leichter entfernt werden kann. Sie können die Einsetzplatten auch mit Quarzsand bestreuen. Die gefertigten Stücke sollen etwa 1–2 cm auseinander stehen, auf keinen Fall dürfen sie sich berühren, denn sonst backen sie zusammen, und sind ohne Schaden anzurichten nicht voneinander zu trennen. Stellen Sie die Werkstücke auf Schamotte-Dreifüße, wobei Sie das Gewicht der Stücke ausbalancieren müssen, damit sie nicht kippen. Öffnen Sie die Ofentür erst, wenn der Ofen eine Temperatur unter 80 Grad C anzeigt. Wenn Sie die Ofentür zu einem Zeitpunkt öffnen, bei dem noch hohe Temperaturen im Ofen vorherrschen, setzen Sie Ihre Keramikarbeit der Gefahr aus zu reißen.

Grundsätzliches

Für den Anfänger ist es immer ermutigend, ein Gefäß, das einen bestimmten Gebrauchswert hat, sei es eine Schale oder eine Vogeltränke, selbst herstellen zu können. Tonplatten bieten gerade dem Hobbytöpfer vielfältige Gestaltungsmöglichkeiten. Man braucht nur den Rand hochzubiegen und hat im Handumdrehen einen Teller oder eine Schüssel geformt. Eine ausgerollte Platte verlangt geradezu nach einer Dekoration, sei es durch das Aufsetzen von geformten Tonteilen (wie Blätter) oder durch das Einritzen eines Musters oder die Anlage einer lebhaften Glasur. Sind die Platten erst einmal lederhart, können sie zu geometrisch-klaren Formen weiterverarbeitet werden, wie zum Beispiel dem Lichterhaus oder den Vorratsdosen.

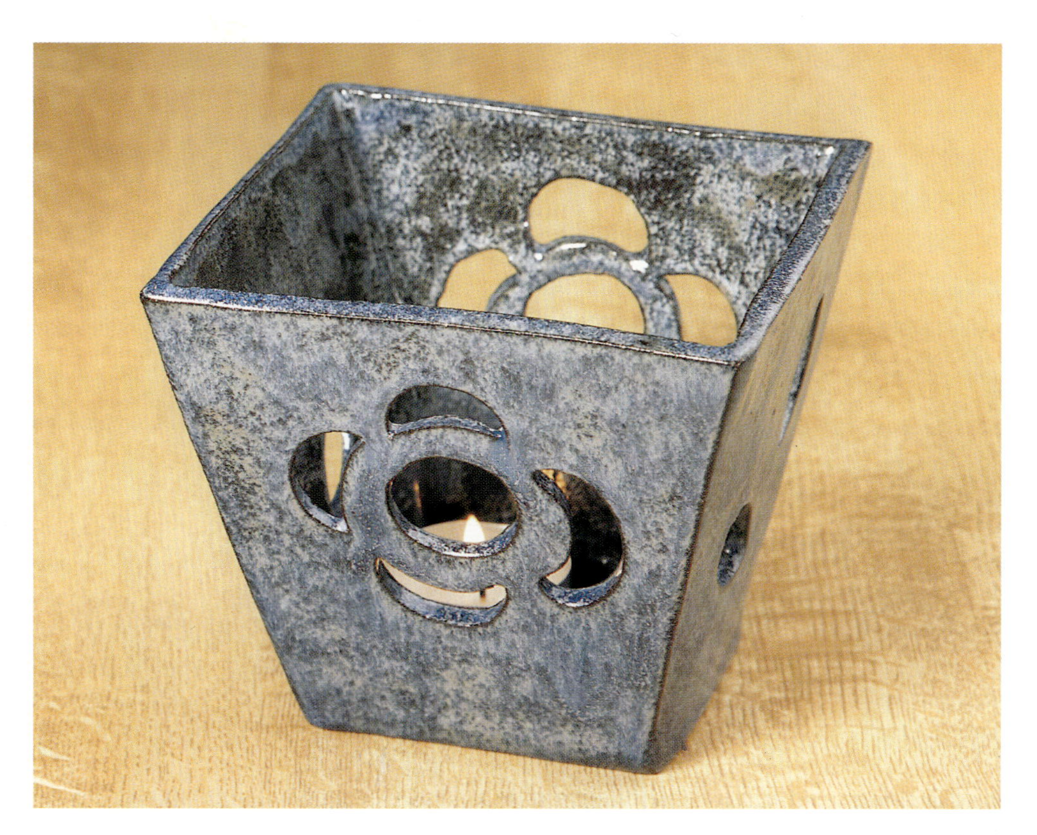

Anwendungsbeispiele der Stegtechnik

Zuerst formen Sie mit der Hand eine grobe dicke Wulstform und rollen diese auf einer Pressspanplatte vor und zurück. Beim Rollen gehen die Hände von der Mitte aus getrennt nach links und rechts zum jeweiligen Wulstende. Mit der Handkante wird der Wulst zu einem Steg geschlagen. Die Stegdicke sollte einen guten Zentimeter betragen. Um einen gleichmäßig starken Steg zu erhalten, kann man mit dem Rollholz auch ein paarmal vorsichtig von der Mitte aus zu den Enden rollen. Die Form und die Größe eines Gefäßes in Stegtechnik sollte vor Beginn der Arbeit in einer kleinen Zeichnung festgelegt werden; tut man das nicht, so gerät die Arbeit schnell „aus der Kontrolle". Gefäße werden immer breiter, Wölbungen sitzen nicht an der richtigen Stelle, Öffnungen sind zu groß oder zu klein. Der erste Steg sollte in seiner Länge immer etwa dem Umfang des Gefäßbodens entsprechen. Soll sich das Gefäß weiten, muss der folgende aufgesetzte Steg länger sein als der vorherige. Soll das Gefäß verengt werden, setzt man immer kürzer werdende Stege an der Innenkante an.

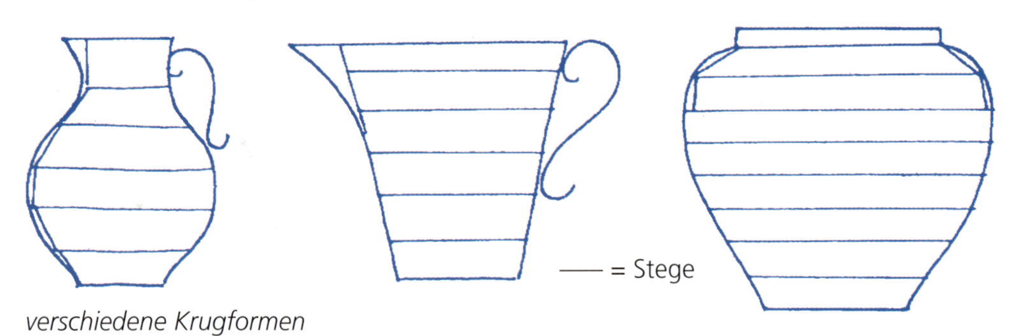

verschiedene Krugformen

Krug konische Form

Material

- weißbrennender Ton, Typ 2505
- Glasur in Blau und Apfelgrün
- Höhe 20 cm

Anleitung

Aus einer Tonplatte von 1 cm Stärke schneiden Sie den Boden mit einem Durchmesser von 10 cm aus. Aus einer Wulst schlagen Sie einen Steg von ca. 30 cm Länge. Diesen Steg setzen Sie auf den Boden auf, drücken ihn fest an und verstreichen ein dünnes Tonröllchen zwischen Boden und Steg. Formen Sie nun einen etwas längeren Steg, und setzen Sie ihn auf die Außenkante des ersten Steges, sichern Sie auch

hier die Verbindung durch ein Tonröllchen. In dieser Art setzen Sie noch weitere 2 bis 3 Stege aufeinander, wobei der darüber liegende immer etwas länger zugeschnitten sein muss als der darunter liegende. Verstreichen Sie den Ton sorgfältig an den Verbindungsstellen der einzelnen Stege. Die Stege sollten – wie Mauersteine – versetzt aufeinander liegen, damit keine senkrechte Naht entsteht.

Aus der Oberkante des letzten Steges ziehen Sie mit dem Zeigefinger die Schütte heraus, Mittelfinger und Daumen der anderen Hand geben leichten Gegendruck. Den Henkel formen Sie s-förmig aus einem etwa 15 cm langen Steg und befestigen ihn durch Anrauen und Schlickern. Zum Trocknen wird der Henkel locker mit dünner Plastikfolie bedeckt, damit er nicht reißt. Nach dem Trocknen wird das Gefäß im Schrühbrand gebrannt.

Bevor Sie mit einem Borstenpinsel die Glasur auftragen, schleifen Sie Tonkrümel mit grobem Schleifpapier weg. Nun wird das Gefäß erneut im Glasurbrand bei 1070 Grad gebrannt.

Krug mit gedrehtem Henkel

Material

- schwarzbrennender Ton, Typ 2510
- Glasur in Perlmuttblau und Aquariusgrün
- Höhe 20 cm

Anleitung

Aus einer Tonplatte von 1 cm Stärke schneiden Sie den Boden mit einem Durchmesser von 14 cm aus. Aus einer Wulst schlagen Sie einen Steg von ca. 40 cm Länge und setzen ihn auf den Boden, drücken ihn fest an und verstreichen ein dünnes Tonröllchen zwischen Boden und Steg. Formen Sie nun einen etwas längeren Steg, und setzen Sie ihn auf die Außenkante des ersten Steges, sichern Sie auch hier die Verbindung durch ein Tonröllchen. In dieser Art setzen Sie noch weitere 2 Stege aufeinander, wobei der darüber liegende immer etwas länger zugeschnitten sein muss als der darunter liegende. Achten Sie darauf, dass der Ton sorgfältig an den Verbindungsstellen der einzelnen Stege verstrichen wird. Die Stege sollten versetzt aufeinander liegen, damit keine senkrechte Naht entsteht Das Gefäß ist jetzt sehr weit geworden. Setzen Sie nun einen Steg senkrecht auf die Oberkante. Der folgende Steg wird kürzer geschnitten als der vorherige und auf die Innenkante des Randes gesetzt. Lassen Sie drei weitere immer kürzere Stege aufeinander folgen, verbinden Sie die Stege mit Tonröllchen. Das Gefäß hat sich wieder verengt. Für den Gefäßhals setzen Sie senkrecht einen breiten Steg auf. Aus der Oberkante dieses Steges ziehen Sie mit dem Zeigefinger die Schütte heraus, Mittelfinger und Daumen der anderen Hand gleichen den Druck aus. Den Henkel formen Sie aus zwei etwa 1 cm starken Tonrollen, die Sie vorsichtig miteinander verkordeln. Befestigen Sie ihn durch Anrauen und Schlickern am Gefäß. Zum Trocknen wird der Henkel locker mit dünner Plastikfolie bedeckt, damit er nicht reißt. Nach dem Trocknen wird das Gefäß im Schrühbrand gebrannt. Bevor Sie mit einem Borstenpinsel die Glasur auftragen, schleifen Sie Tonkrümel mit grobem Schleifpapier weg. Nun wird das Gefäß erneut im Glasurbrand bei 1070 Grad gebrannt.

Kleiner Krug

Material

- rotbrennender Ton, Typ 2505
- Glasur in Hellblau
- Höhe 11 cm

Anleitung

Schneiden Sie aus einer Tonplatte, die ca. 1 cm stark ist, einen Boden mit dem Durchmesser 9 cm aus. Setzen Sie einen Steg auf der Bodenplatte an. Drücken Sie den Steg fest an, und verstreichen Sie ein dünnes Tonröllchen zwischen Boden und Steg. Sie gehen wie beim Krug mit gedrehtem Henkel vor und setzen immer einen etwas längeren Steg auf die Außenkante des darunter liegenden Steges. Auf diese Weise weitet sich Ihr Krug. Die Verbindungen verstreichen Sie mit Tonröllchen. Ist der Krug hoch genug, setzen Sie einen Steg senkrecht auf die Oberkante und den nächsten kürzeren Steg auf die Innenkante des Randes. So entsteht die Einbuchtung unterhalb der Schütte. Arbeiten Sie weitere Stege, die wieder länger werden, um das Gefäß nach oben hin breit auslaufen zu lassen. Setzen Sie einen breiten Steg auf, aus dem Sie mit dem Zeigefinger die Schütte herausziehen, während Sie mit der anderen Hand leichten Gegendruck ausüben. Formen Sie den Henkel aus einer Tonrolle, und befestigen Sie ihn durch Anrauen und Schlickern am Krug. Damit der Henkel beim Trocknen nicht reißt, sollten Sie ihn mit Plastikfolie bedecken. Anschließend wird der Krug im Schrühbrand gebrannt, die Glasur aufgetragen, und dann schleifen Sie die Tonkrümel ab. In einem weiteren Brand wird der Krug bei 1070 Grad gebrannt.

Kartoffeltopf

Material

- weißbrennender Ton, Typ 2510,
- Braunstein
- Ausstecher für Apfelgehäuse
- Höhe 35 cm

Anleitung

Aus einer Tonplatte von 1,5 cm Stärke schneiden Sie den Boden in der Größe von 18 x 25 cm so aus, dass er nicht ganz rechteckig ist. Aus zwei Wülsten schlagen Sie Stege von je ca. 43 cm Länge. Diese Stege setzen Sie auf den Boden, drücken sie fest an und verstreichen ein dünnes Tonröllchen zwischen Boden und Steg. Formen Sie weitere Stege, die dem Umfang des Bodens entsprechen, und bauen Sie das Gefäß damit hoch. Sichern

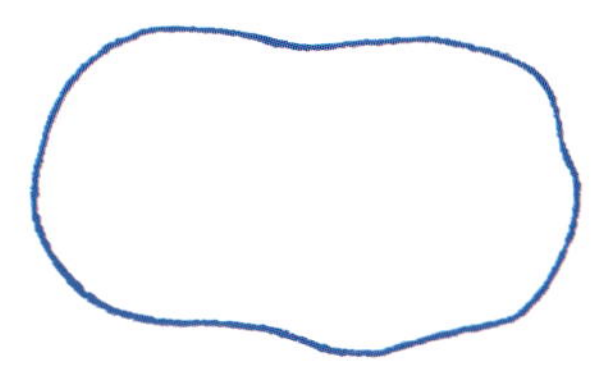

Form der Grundplatte

Sie auch hier die Verbindungen durch Tonröllchen. Damit keine senkrechte Naht entsteht, sollten Sie die Stege wie Mauersteine versetzt aufeinander legen.
Zeichnen Sie nun mit einem Holzstäbchen das Kartoffel-Gesicht auf. Drücken Sie die Wangen von innen vorsichtig heraus. Setzen Sie nun weitere immer kürzere Stege auf die Innenkanten, damit sich das Gefäß wieder verengt. Schließen Sie das Gefäß mit einer Tonplatte ganz zu. Arbeiten Sie eine Tonkugel als Knauf obenauf. Formen Sie zwei Tonkugeln für die Augen, schlickern Sie diese auf, und stechen Sie mit dem Apfelausstecher zwei Löcher hindurch. Aus zwei Tonwülstchen formen Sie die Augenbrauen, die Sie gut anschlickern. Stechen Sie dort, wo Sie die Nase anbringen wollen, ein Loch in das Gefäß, formen Sie eine angespitzte Tonkugel für die Nase, tragen Sie Schlicker im Bereich des Loches auf, und schieben Sie die Tonkugel mit leichtem Druck hinein. Formen Sie den Mund ebenso aus zwei Tonwülsten, und schlickern Sie diese auf, stechen Sie in die Mitte des Mundes ein Loch.
Ist das Gefäß etwas angetrocknet, so schneiden Sie den Deckel wellig ab. Nun können Sie den Topf von innen im Bereich des Gesichtes noch versäubern. Nach dem Trocknen wird das Gefäß mit aufgesetztem Deckel im Schrühbrand gebrannt. Bevor Sie mit einem Borstenpinsel den Braunstein auftragen, schleifen Sie Tonkrümel mit grobem Schleifpapier weg. Waschen Sie mit einem Schwamm den Braunstein wieder ab, sodass die dunkelbraune Färbung nur in den Vertiefungen erhalten bleibt. Nun wird das Gefäß im Glasurbrand bei 1070 Grad gebrannt.

Kräutergarten-Topf

Material

- rotbrennender Ton, Typ 2510
- Glasur in Blau
- Höhe 40 cm

Anleitung

Aus einer Tonplatte von 1,5 cm Stärke schneiden Sie den Boden mit einem Durchmesser von 15 cm aus. Aus einer Wulst schlagen Sie einen Steg von ca. 40 cm Länge, setzen ihn auf den Boden, drücken ihn fest an und verstreichen ein dünnes Tonröllchen zwischen Boden und Steg. Formen Sie nun einen etwas längeren Steg und setzen ihn auf die Außenkante des ersten Steges. Sichern Sie auch hier die Verbindung durch ein Tonröllchen. In dieser Art setzen Sie noch weitere Stege aufeinander, wobei der darüber liegende immer etwas länger zugeschnitten sein muss als der darunter liegende. Verstreichen Sie sorgfältig auch die Verbindungsstellen der einzelnen Stege. Um eine senkrechte Naht zu vermeiden, sollten die Stege versetzt aufeinander gebracht werden. Das Gefäß ist jetzt sehr weit geworden. Nach etwa 24 cm setzen Sie einen Steg senkrecht auf die Oberkante. Der folgende Steg wird kürzer geschnitten als der vorherige und auf die Innenkante des Randes gesetzt. Setzen Sie nun weitere immer kürzere Stege aufeinander, verbinden Sie die Stege mit Tonröllchen. Das Gefäß hat sich wieder verengt. Für den Gefäßhals setzen Sie eine dicke Tonrolle auf. Lassen Sie den Kräutertopf etwas antrocknen, aber nicht lederhart. Formen Sie in der

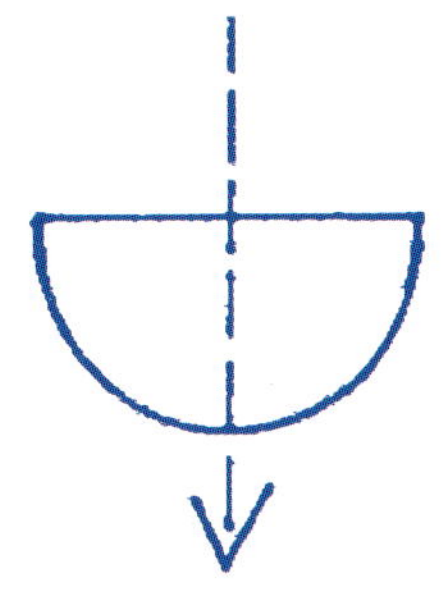

Halbkugeln so durchschneiden

Wulsttechnik drei Halbkugeln, die so durchgeschnitten werden, dass man sechs Viertelkugeln erhält. Bestreichen Sie die Schnittfläche der Viertelkugel mit Schlicker, und drücken Sie sie an der gewünschten Stelle auf den Topf. Nehmen Sie die Viertelkugel wieder ab. Der Schlicker hat auf dem Topf eine Linie hinterlassen. Schneiden Sie diese halbrunde Linie mit einem spitzen Messer ein, und holen Sie ein Stück aus der Wandung des Topfes heraus. Nun rauen und schlickern Sie die Verbindungsstellen auf dem Topf und der Viertelkugel und pressen sie an den Topf. In gleicher Weise gehen Sie bei den übrigen Viertelkugeln vor. Lassen Sie den Topf vor dem Schrühbrand trocknen. Wenn er gebrannt ist, schleifen Sie die Tonkrümel ab und brennen ihn erneut bei 1070 Grad.

Tipp: Wenn Sie möchten, können Sie wie auf der Abbildung einen Salamander formen und auf den Topf setzen.

Anwendungsbeispiele der Wulsttechnik

Schon vor vielen tausend Jahren wurden Gefäße in der Wulsttechnik hergestellt. Es lassen sich Tongefäße oder -objekte in jeder Größe herstellen. Einzig und allein die Größe des Brennofens bestimmt die maximale Objektgröße. Kleine Objekte lassen sich in einem Arbeitsgang herstellen, größere Formen sollten jedoch in Phasen aufgebaut werden.

Verwenden Sie bei Gefäßen, die einen Durchmesser von mehr als 30 cm und eine Höhe von mehr als 30 cm haben, stärker schamottierten Ton, zum Beispiel die Sorte 2510. Zylindrische Formen der o. a. Größe lassen sich gefahrlos in einem Arbeitsgang aufbauen, ohne dass sie zusammensacken. Will man höhere Objekte aufbauen, muss man die Bodenpartie etwas antrocknen lassen (nicht aber völlig austrocknen lassen), bevor man weiter aufbaut. Der Ton am oberen Rand muss dabei mit einer dünnen Plastikfolie abgedeckt werden, damit er feucht bleibt. Die Wülste rollen Sie am besten auf einer auf dem Tisch liegenden Holzplatte aus, und zwar so: Zuerst formen Sie aus einem Stück Ton eine grobe Wulst und legen diese auf das Holzbrett. Nun rollen Sie den Ton hin und her, indem Sie von den Fingerspitzen bis zur Handfläche gleichmäßige Bewegungen und gleichmäßigen Druck ausüben.

Während dieser Rollbewegung führen Sie Ihre Hände von der Mitte der Tonwulst langsam nach außen. So wird die Wulst dünner und länger. Den Boden für das Gefäß können Sie entweder aus einer Tonkugel formen, die Sie flachdrücken, sodass eine runde Scheibe entsteht, oder man schneidet eine Tonplatte mit dem Messer in der gewünschten Größe zu.

Lasagneform

Material

- rotbrennender Ton, Typ 2505
- Glasur in Transparent
- Größe 20 x 30 cm und 8 cm hoch

Anleitung

Aus einer ausgerollten Tonplatte in der Stärke von etwa 1,5 cm schneidet man ein Rechteck von 22 x 32 cm aus. Formen Sie zwei etwa 50 cm lange Wülste mit einem Durchmesser von etwa 5 cm. Legen Sie das Ende einer Wulst auf den Gefäßboden und drücken Sie es fest. Beginnen Sie dabei nicht an einer Ecke, sondern in der Mitte einer Seite. Nach und nach legen Sie nun die Wulst auf den Gefäßboden und drücken sie dabei an. Da die erste Wulst nur für den halben Gefäßboden reicht, arbeiten Sie nun die zweite Wulst auf. Schneiden Sie evtl. überstehende Enden ab, und verschmieren Sie Anfang und Ende der beiden Wülste miteinander. Die Wülste müs-

sen gründlich mit dem Gefäßboden verbunden werden. Drücken Sie sie mit Daumen oder Zeigefinger von ihrer Oberkante bis zum Boden fest. Drücken Sie nun die Wand der Lasagneform aus der dicken Wulst nach oben, sodass sich die Form leicht nach außen öffnet und die Wandstärke etwa einen guten Zentimeter beträgt. Rollen Sie erneut zwei ca. 50 cm lange und 1 cm starke Wülste. Rauen Sie die Oberkante der Form mit der Gabel auf, geben Sie Schlicker darauf, und arbeiten Sie die dünnen Wülste als Abschlusskante auf. Für die Henkel rollen Sie zwei etwa 16 cm lange Wülste, die an beiden Seiten dünner sein sollten als in der Mitte. Rollen Sie sie zu zwei Spiralen auf, und drücken Sie jede Spirale leicht zusammen.
Durch Rauen und Schlickern der Form und der Henkel drücken Sie sie an der Form fest an. Nach dem Schrühbrand schleifen Sie die Tonkrümel weg, tragen die Glasur innen auf und brennen das Gefäß bei 1070 Grad.

Katzenfutternapf

Material

- rotbrennender Ton, Typ 2505
- Glasur in Transparent und Hellblau
- Höhe 6 cm, Grundplatte ∅ 10 cm

Anleitung

Aus einer ausgerollten Tonplatte in der Stärke von etwa 1 cm schneidet man einen Kreis mit dem Durchmesser von 11 cm aus. Formen Sie vier etwa 35 cm lange Wülste mit einem Durchmesser von etwa 1/2 cm. Drücken Sie zuerst das Ende einer Wulst und dann die gesamte Wulst auf dem Gefäßboden fest. Schneiden Sie das überstehende Ende ab, und verschmieren Sie Anfang und Ende der Wulst miteinander. Die erste Wulst muss gründlich mit dem Gefäßboden verbunden werden. Drücken Sie sie mit Daumen oder Zeigefinger von ihrer Oberkante bis zum Boden fest. Für diese Technik brauchen Sie keinen Schlicker, denn die einzelnen Wülste werden aufeinander gepresst und haften so. Der Einsatz von Schlicker oder Wasser macht nur die Hände klebrig, und man verliert die Kontrolle über das Gefäß. Setzen Sie nun die anderen Wülste übereinander. Drücken Sie dabei eine nach der anderen fest auf die untere auf. Nun werden die Wülste zuerst innen und dann außen miteinander verstrichen. Dazu ziehen Sie den Ton mit den Fingerspitzen von oben nach unten. Die Wülste, die anfangs einen runden Querschnitt hatten, weisen nun einen ovalen Querschnitt auf. Glätten Sie das Gefäß innen und außen, und drücken Sie den Ton dabei zwischen Daumen und den übrigen Fingern leicht nach außen, sodass die Wöl-

Gesicht der Katze

bung des Napfes entsteht. Schneiden Sie aus einer Tonplatte zwei Dreiecke für die Ohren des Katzennapfes, und rauen und schlickern Sie diese auf den Rand der Schüssel. Mit einem spitzen Holzstäbchen ritzen Sie auf die Innenseite ein Katzengesicht, und das Gefäß kann zum Trocknen weggestellt werden, um dann gebrannt zu werden. Bevor Sie mit einem Borstenpinsel die transparente Glasur innen auftragen, schleifen Sie Tonkrümel mit grobem Schleifpapier weg. Tragen Sie vorsichtig auch die Glasur von außen auf, damit die Farben nicht ineinander verlaufen. Nun wird das Gefäß erneut im Glasurbrand bei 1070 Grad gebrannt.

Schmale Vase mit Blütenrand

Material

- schwarzbrennender Ton, Typ 2505
- Glasur in Purpur
- Rundholz, ∅ 1–2 cm
- Höhe 30 cm

Anleitung

Rollen Sie eine Tonwulst von ca. 30 cm Länge und 7 cm Durchmesser aus, sodass die äußeren Enden dicker ausfallen als das Mittelstück. Drücken Sie nun ein langes Rundholz von 1 bis 2 cm Durchmesser, das kann ein Dübelstab oder ein langer Kochlöffel sein, längs in die Mitte der Wulst. Dadurch entsteht der Innenraum der Vase. Halten Sie die Vase mit einer Hand fest, und bewegen Sie das Rundholz in der Wulst vorsichtig hin und her. So weitet sich die Form.

Verschließen Sie die Unterseite mit einem Stück Ton, das Sie gut mit der Wulst verbinden. Nun ist auch der Boden fertig. Schneiden Sie aus einer Tonplatte zwei Kreise aus, halbieren Sie diese, und rauen und schlickern Sie die so entstandenen Blütenblätter auf die Oberkante der Vase. Nach dem Trocknen wird das Gefäß im Schrühbrand gebrannt. Bevor Sie mit einem Borstenpinsel die Glasur auftragen, schleifen Sie Tonkrümel mit grobem Schleifpapier weg. Nun wird das Gefäß erneut im Glasurbrand bei 1070 Grad gebrannt.

Vase mit Rand

Material

- schwarzbrennender Ton, Typ 2505
- Glasur in Purpur
- Rundholz, ∅ 1–2 cm
- Höhe 12 cm

Anleitung

Rollen Sie eine Tonwulst von ca. 15 cm Länge und 6 cm Durchmesser aus. Die äußeren Enden sollten dicker ausfallen als das Mittelstück. Drücken Sie nun ein langes Rundholz von 1 bis 2 cm Durchmesser längs in die Mitte der Wulst. Halten Sie die Vase mit einer Hand fest, und bewegen Sie das Rundholz in der Wulst vorsichtig hin und her, um den Innenraum zu weiten. Verschließen Sie die Unterseite für den Boden mit einem Stück Ton, das Sie gut mit der Wulst verbinden. Schneiden Sie aus einer Tonplatte zwei Kreise aus, halbieren Sie diese, rauen und schlickern Sie die so entstandenen Blütenblätter auf die Oberkante der Vase und stellen sie zum Trocknen auf. Danach wird die Vase im Schrühbrand gebrannt.

Bevor Sie mit einem Borstenpinsel die Glasur auftragen, schleifen Sie die Tonkrümel mit grobem Schleifpapier weg. Das Gefäß wird erneut im Glasurbrand bei 1070 Grad gebrannt.

Kleine Vase

Material

- rotbrennender Ton, Typ 2505
- Glasur in Hellblau
- Rundholz

Anleitung

Lassen Sie ein etwa faustgroßes Stück Ton aus Ihrer Hand auf Ihre Arbeitsplatte fallen. Wiederholen Sie diesen Vorgang so lange, bis der Ton die von Ihnen gewünschte Form hat.

Mit einem Rundholz bohren Sie nun mittig ein Loch in den Ton. Bohren Sie dieses Loch jedoch nicht ganz durch, damit der Boden für die Vase erhalten bleibt. Durch leichtes Drehen des Rundholzes können Sie die Öffnung ausdehnen.

Nach dem Trocknen wird das Gefäß im Schrühbrand gebrannt. Tragen Sie die Glasur mit einem Borstenpinsel auf. Nun wird das Gefäß erneut im Glasurbrand bei 1070 Grad gebrannt.

Kerzenständer

Material

- rotbrennender Ton, Typ 2505
- Glasur in Hellblau
- Rundholz
- Höhe 10 cm

Anleitung

Lassen Sie ein etwa faustgroßes Stück Ton immer wieder auf Ihre Arbeitsplatte fallen, bis der Ton die von Ihnen gewünschte Form hat. Mit einem Rundholz bohren Sie nun mittig ein ca. 2 cm tiefes Loch in den Ton. Durch leichtes Drehen des Rundholzes können Sie die Öffnung für die Kerze ausdehnen.

Nach dem Schrühbrand, der Kerzenständer sollte zuvor ausreichend getrocknet sein, tragen Sie die Glasur mit einem Borstenpinsel auf. Der Kerzenständer wird im Glasurbrand bei 1070 Grad gebrannt.

Anwendungsbeispiele der Plattentechnik

Grundsätzliches

Für den Anfänger ist es immer ermutigend, ein Gefäß, das einen bestimmten Gebrauchswert hat, sei es eine Schale oder eine Vogeltränke, selbst herstellen zu können. Tonplatten bieten gerade dem Hobbytöpfer vielfältige Gestaltungsmöglichkeiten. Man braucht nur den Rand hochzubiegen und hat im Handumdrehen einen Teller oder eine Schüssel geformt. Eine ausgerollte Platte verlangt geradezu nach einer Dekoration, sei es durch das Aufsetzen von geformten Tonteilen (wie Blätter) oder durch das Einritzen eines Musters oder die Anlage einer lebhaften Glasur. Sind die Platten erst einmal lederhart, können sie zu geometrisch-klaren Formen weiterverarbeitet werden, wie zum Beispiel dem Lichterhaus oder den Vorratsdosen.

Grundsätzlich gilt:

Tonplatten kann man auf verschiedene Weise herstellen, zum Beispiel, indem man Platten ausrollt. Schneiden Sie hierfür von Ihrem Tonhubel mit dem Schneidedraht ein Stück Ton ab. Legen Sie dieses Stück auf eine Pressspanplatte und bereiten Sie es zum Ausrollen vor, indem Sie es mit dem Handballen von der Mitte aus gleichmäßig nach außen drücken. Drehen Sie den Tonbatzen herum und drücken Sie ihn nochmal von der Mitte aus nach allen Außenseiten. Denken Sie dabei auch schon an die Form der Platte. Nun ist das Tonstück größer im Durchmesser geworden. Nehmen Sie jetzt Ihr Rollholz (Nudelholz) und rollen Sie von der Mitte her mit gleichmäßigem Druck den Ton zu den Seiten aus bis die Tonstärke ca. einen guten Zentimeter beträgt. Während des Ausrollens muss die Tonplatte häufig gewendet werden, damit sie nicht auf der Platte festklebt. Große Platten verziehen sich gerne beim Trocknen und Brennen, deshalb ist eine Masse mit Schamotteanteil, z. B. 2505, oder bei Platten ab 35 cm Durchmesser 2510 oder 4005 geeignet. Bei allen abgebildeten Arbeiten wurde diese Technik angewandt.

Platten vom Blätterstock abschneiden

Nur wenn Sie viele Tonplatten derselben Stärke benötigen, lohnt es sich einen Blätterstock aufzuschlagen. Sie benötigen dazu mehrere Holzleisten von ca. 1 cm Stärke. Die Stärke der Holzleisten bestimmt die Stärke der Tonplatte. Stapeln Sie diese links und rechts von ihrem Tonballen gleichmäßig übereinander. Jetzt können Sie mit dem Schneidedraht die Tonplatten vom Block abschneiden.

Platten zwischen Holzleisten auswalzen

Hier legen Sie ein Stück Ton zwischen zwei ca. 1 cm starke Holzleisten auf eine Pressspanplatte.

Auch hier bestimmt die Dicke der Holzleisten die Stärke der Tonplatte. Rollen Sie nun mit dem Rollholz solange über den Ton, bis der Ton nicht mehr dicker ist als die Leisten hoch sind.

Auch hier muss der Ton immer wieder gewendet werden.

Windlicht

Material

- ✦ rotbrennender Ton, Typ 2505
- ✦ Glasur in Kosmosblau
- ✦ Höhe 10 cm, Grundplatte 9 x 9 cm

Anleitung

Da die Öffnung des Windlichtes größer ist als der Boden, die Form also konisch ist, fertigen Sie am besten eine Schablone für die vier Wände an. Dazu nehmen Sie ein DIN-A4 großes Stück Papier, es kann sogar eine Zeitungsseite sein, falten es in der Mitte und messen an der Faltung von unten nach oben die Höhe von 11 cm ab. Messen Sie nun die untere halbe Breite von 5 cm und die obere halbe Breite von 7 cm,

14 cm
Wand
11 cm
10 cm

und markieren Sie die Seitenlinie mit einem Bleistiftstrich. Zeichnen Sie sich auch die Oberkante mit Bleistift auf. Schneiden Sie die Schablone nun mit der Schere aus.

Tipp: Soll das Windlicht höher und breiter sein, so vergrößern Sie einfach die Zeichnung. Rollen Sie den Ton knapp 1 cm stark aus. Schneiden Sie die Wände nach der Zeichnung aus. Für den Boden benötigen Sie ein 10 x 10 großes Tonstück. Soll das Windlicht quadratisch werden, so schneiden Sie 2 Wände an beiden Seiten etwa 1/2 cm schmaler zu. Schneiden Sie nun mit einem spitzen Töpfermesser oder einer Graviernadel ein einfaches Muster in die Mitte der 4 Seitenwände, und lassen Sie alle 5 Platten einige Stunden lederhart antrocknen, und zwar soweit, dass sie sich beim Aufstellen nicht mehr verbiegen.

Fügen Sie die lederharten Tonplatten sorgfältig zusammen. Dazu rauen Sie die Verbindungsflächen mit der Gabel auf und bestreichen diese mit Schlicker. Damit die Nahtstellen beim Trocknen und Brennen nicht aufreißen, drücken und streichen Sie den Schlicker in die Nahtstellen, bis kein Übergang mehr sichtbar ist. Bei konischen

Arbeitsbeispiel Anrauen

Arbeitsbeispiel Schlickern

Arbeitsbeispiel mit Tonröllchen

Formen – wie dieser hier – ist der Druck auf die Verbindungsstellen besonders hoch. Deshalb verstreiche ich zusätzlich ein dünnes feuchtes Tonröllchen an den Innenkanten, wo Boden und Seitenteile aufeinander stoßen. Das Tonröllchen wird solange verstrichen, bis kein Übergang mehr sichtbar ist. Nach dem Trocknen wird das Windlicht im Schrühbrand gebrannt. Falls Tonkrümel rund um das ausgeschnittene Muster an den Wänden haften, so entfernen Sie diese durch vorsichtiges Schleifen mit grobem Schleifpapier. Tragen Sie nun mit einem Borstenpinsel die Glasur innen und außen auf. Achten Sie darauf, dass die Glasur auch im Musterbereich sorgfältig aufgetragen wird. Nun wird das Windlicht erneut im Glasurbrand bei 1070 Grad gebrannt.

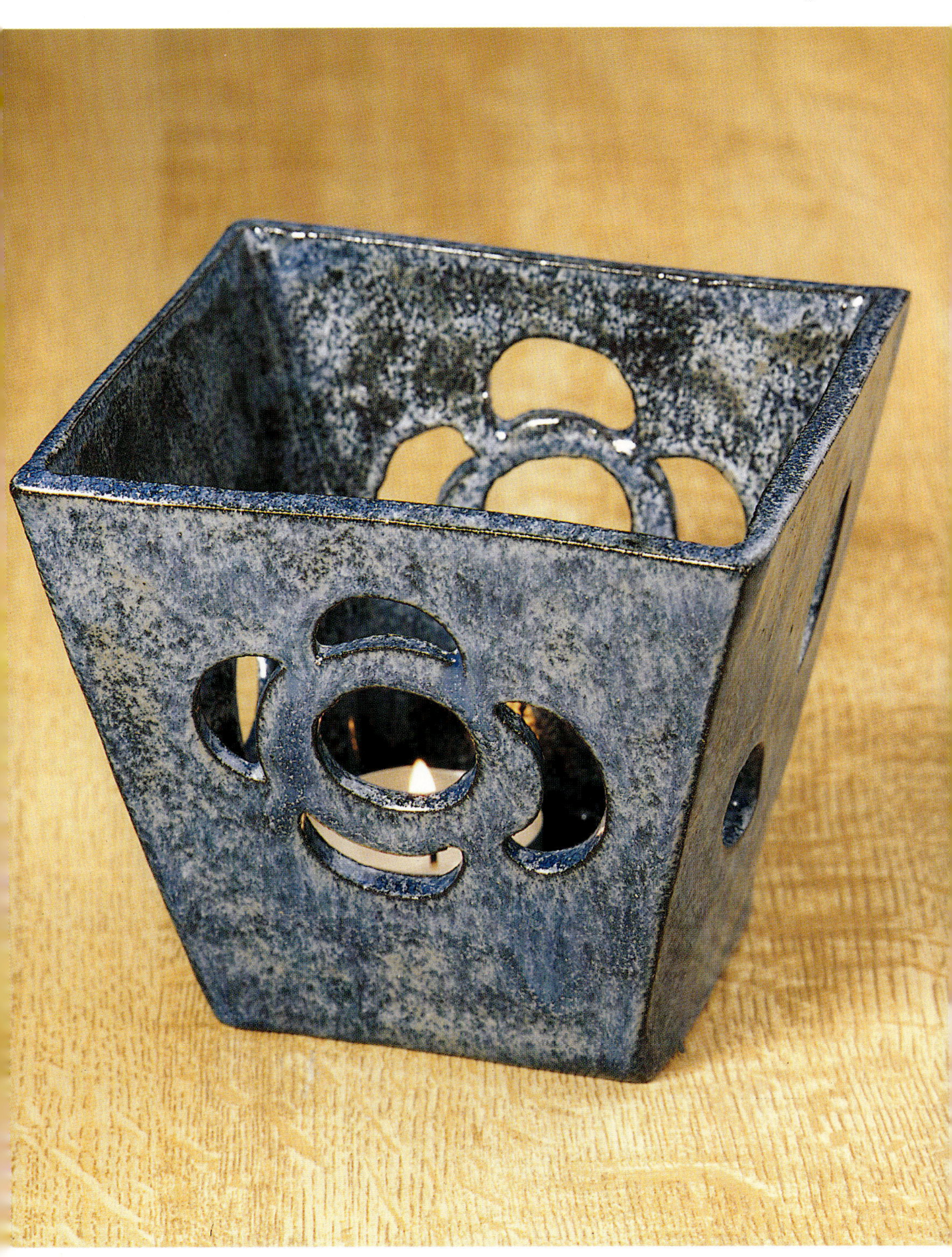

Kleines Windlicht

Material

- rotbrennender Ton, Typ 2505
- Glasur in Kosmosblau
- Höhe 8 cm, Grundplatte 8 x 8 cm

Anleitung

Das kleine Windlicht wird genauso hergestellt wie das große. Fertigen Sie dazu die Schablonen entsprechend kleiner an. Das fertig montierte Windlicht wird nun mit vier kleinen Tonkugeln, die auf die Ecken durch Anrauen und Schlickern angebracht werden, dekoriert.

Lichterhaus

Material

- schwarzbrennender Ton, Typ 2505
- Glasur in Blau und Rot

Anleitung

Fertigen Sie zunächst eine Schablone für die Form der Wände und des Daches nach der Zeichnung an.

Tipp: Soll das Haus höher und breiter sein, so vergrößern Sie einfach die Schablone.

Rollen Sie den Ton knapp 1 cm stark aus. Schneiden Sie Teile nach der Schablone aus. Schneiden Sie nun mit einem spitzen Töpfermesser oder einer Graviernadel die Fenster- und Türöffnungen aus. Damit das Teelicht später durchgeschoben werden kann, schneiden Sie an der rückseitigen Giebelwand eine entsprechend große Öffnung hinein. Lassen Sie alle Platten einige Stunden lederhart antrocknen, bis sie sich beim Aufstellen nicht mehr verbiegen. Fügen Sie nun die lederharten Tonplatten sorgfältig zusammen. Dazu rauen Sie die Verbindungsflächen mit der Gabel auf und bestreichen diese mit Schlicker. Damit die Nahtstellen beim Trocknen und Brennen nicht aufreißen, drücken und streichen Sie den Schlicker in diese Stellen, bis kein Übergang mehr sichtbar ist. Ein dünnes Tonröllchen, das Sie zwischen Boden und den Seitenwänden verstreichen, gibt zusätzliche Stabilität. Schneiden Sie in das Dach eine Öffnung, und bringen Sie den Schornstein auf. Der Schornstein wird aus einem schmalen Tonstreifen geformt und durch Rauen und Schlickern mit dem Dach verbunden. Formen Sie aus dünnen Tonstreifen die Treppe, und rauen und schlickern Sie diese unter der Tür fest. Nach dem Trocknen wird das Haus im Schrühbrand gebrannt. Falls Tonkrümel rund um die ausgeschnittenen Öffnungen an den Wänden haften, so entfernen Sie diese durch vorsichtiges Schleifen mit grobem Schleifpapier. Tragen Sie nun mit einem Borstenpinsel die Glasur außen auf. Achten Sie darauf, dass die Glasur auch im Fensterbereich sorgfältig aufgetragen wird. Das Lichterhaus wird erneut im Glasurbrand bei 1070 Grad gebrannt.

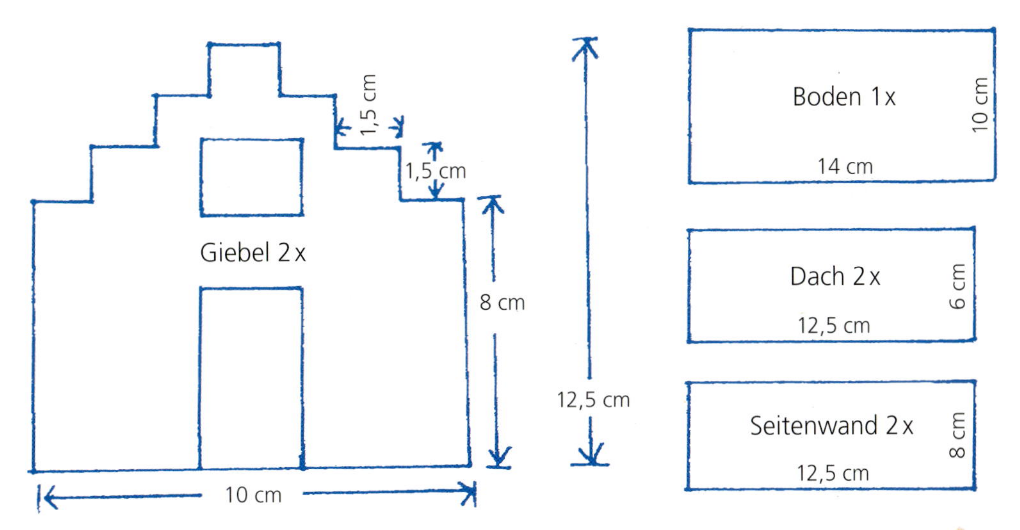

Wandbehälter

Material

- rotbrennender Ton, Typ 2505
- Glasur in Transparent
- Höhe 26 cm

Anleitung

Am besten ist es, wenn Sie sich zunächst Schablonen für die Rückwand und die Gefäßwandung gemäß der Zeichnung anfertigen. Rollen Sie nun den Ton etwa 1 cm stark aus. Schneiden Sie die Rückwand und die Wandung nach der Schablone aus, für den Boden benötigen Sie ein 16 x 12 cm großes Tonstück. Biegen Sie die etwas angetrocknete Wandung leicht nach innen, und montieren Sie sie auf die Rückwand. Dazu rauen Sie die Verbindungsflächen mit der Gabel auf und bestreichen diese mit Schlicker. Damit die Nahtstellen beim Trocknen und Brennen nicht aufreißen, drücken und streichen Sie den Schlicker in die Nahtstellen, bis kein Übergang mehr sichtbar ist. Zusätzlich wird ein dünnes feuchtes Tonröllchen von innen in die Verbindungen am Boden und den Seiten verstrichen, bis kein Übergang mehr sichtbar ist. Montieren Sie nun den Boden an den Behälter. Dabei bleibt der Behälter auf der Rückwand liegen. Rauen und schlickern Sie die Verbindungsstellen, und pressen Sie den Boden fest an das Gefäß. Arbeiten Sie zusätzlich von innen noch ein Tonröllchen ein. Klopfen Sie nun eine etwa 2 cm starke weiche Tonkugel flach und drücken Sie einen Tonstempel hinein oder gestalten das Muster per Hand. Durch Anrauen und Schlickern befestigen Sie die Verzierung auf dem Behälter. Nach dem Trocknen wird der Behälter im Schrühbrand gebrannt. Sollten Tonkrümel rund um die Verzierung an der Wand haften, so entfernen Sie diese durch vorsichtiges Schleifen mit grobem Schleifpapier. Tragen Sie mit einem Borstenpinsel die transparente Glasur innen auf. Anschließend wird das Gefäß erneut bei 1070 Grad gebrannt.

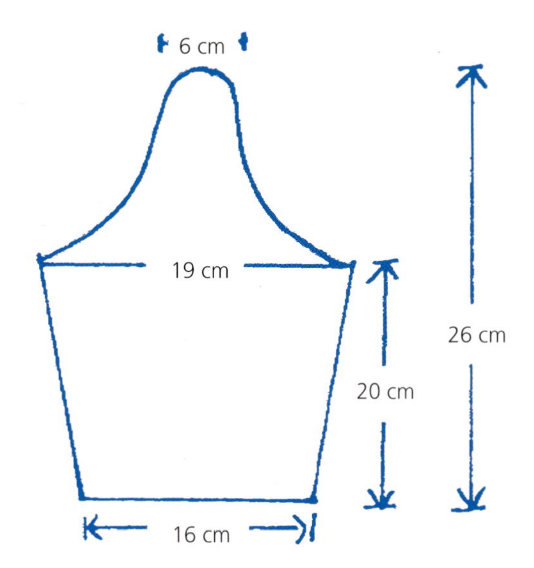

Blumenübertopf

Material

- weißbrennender Ton, Typ 2505
- Glasur in Blau, Grün und Perlmutt
- Höhe 25 cm, Grundplatte 20 x 20 cm

Anleitung

Da die Öffnung des Übertopfes größer ist als der Boden, es sich also um eine konische Form handelt, fertigen Sie am besten eine Schablone für die vier Wände aus Papier an. Dazu nehmen Sie ein Stück Papier, das kann eine Zeitungsseite sein, falten es in der Mitte und messen an der Faltung von unten nach oben die Höhe von 27 cm ab. Messen Sie nun die untere halbe Breite von 11 cm und die obere halbe Breite von 13 cm, und markieren Sie die Seitenlinie mit einem Bleistiftstrich. Zeichnen Sie sich auch die Oberkante mit Bleistift auf. Schneiden Sie die Schablone mit der Schere aus. Rollen Sie den Ton gut einen cm stark aus. Schneiden Sie die 4 Wände nach der Schablone aus, für den Boden benötigen Sie ein 22 x 22 cm großes Tonstück. Soll der Topf quadratisch werden, so schneiden Sie 2 Wände an beiden Seiten etwa knapp 1 cm schmaler zu. Lassen Sie alle 5 Platten einige Stunden lederhart antrocknen, bis sie sich beim Aufstellen nicht mehr verbiegen. Fügen Sie nun die lederharten Tonplatten sorgfältig zusammen. Dazu rauen Sie die Verbindungsflächen mit der Gabel auf und bestreichen diese mit Schlicker. Damit die Nahtstellen beim Trocknen und Brennen nicht aufreißen, drücken und streichen Sie den Schlicker hinein, bis kein Übergang mehr sichtbar ist. Bei konischen Formen – wie dieser hier – ist der Druck auf die Verbindungsstellen besonders hoch. Deshalb verstreiche ich zusätzlich ein dünnes feuchtes Tonröllchen von innen zwischen Boden und Seiten und verstreiche es, bis kein Übergang mehr sichtbar ist. Formen Sie nun 4 etwa 30 cm lange Tonwülste mit einem Durchmesser von 1 1/2 cm. Rauen Sie die Wände oben gut an, geben Sie Schlicker darauf, und setzen Sie die Tonwülste an. Mit vorsichtigem Druck pressen Sie sie fest. Mit dem Daumen ziehen Sie den Ton der Wulst hinunter bis auf die Wand. Arbeiten Sie sorgfältig die Ecken aus. Setzen Sie auch die Griffe sorgfältig an. Orientieren Sie sich dabei an der Anleitung für die Henkel der Lasagneform (S. 27). Nach dem Trocknen wird der Übertopf im Schrühbrand gebrannt. Wenn Sie anschließend die Glasur innen und außen aufgebracht haben, wird der Übertopf im Glasurbrand bei 1160 Grad gebrannt.

Luftbefeuchter

Material

- schwarzbrennender Ton, Typ 2505
- Glasur in Magnolie, Jadegrün und Altrosa
- Pappröhre oder ein Stück Abfallrohr
- Höhe 24 cm

Anleitung

Da die Öffnung des Luftbefeuchters größer ist als der Boden, die Form also konisch ist, fertigen Sie am besten eine Schablone für die Form der Wände an. Dazu nehmen Sie ein DIN-A4 großes Stück Papier oder eine Zeitungsseite. Falten Sie das Papier in der Mitte und messen an der Faltung, von unten nach oben die Höhe von 26 cm ab. Messen Sie nun die untere halbe Breite von

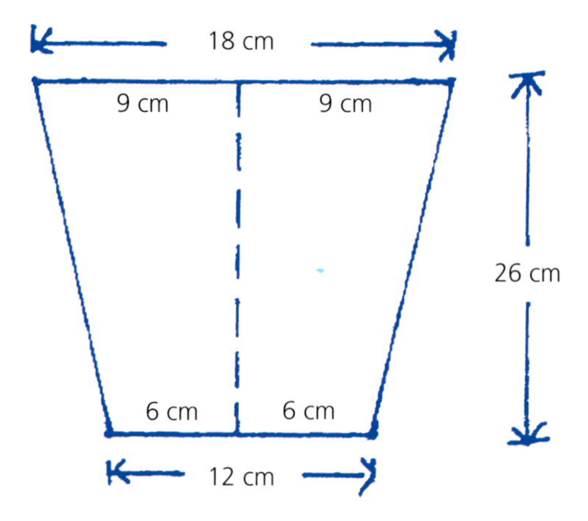

---- = Papierfalte

6 cm und die obere halbe Breite von 9 cm, und markieren Sie die Seitenlinie mit einem Bleistiftstrich. Zeichnen Sie sich auch die Oberkante mit Bleistift auf. Schneiden Sie die Schablone nun mit der Schere aus.

Tipp: Soll der Luftbefeuchter höher und breiter sein, fertigen Sie einfach eine größere Schablone an.

Rollen Sie den Ton knapp 1 cm stark aus. Schneiden Sie die Wand nach der Schablone zu, für die Rückwand schneiden Sie ein etwa 26 x 15 cm großes Stück aus. Für den Boden benötigen Sie ein ca. 10 x 10 cm großes Tonstück. Damit die konische Wandplatte eine gleichmäßige Wölbung erhält, legen Sie sie auf eine Hilfsform. Das kann eine Pappröhre oder ein Abfallrohr sein, über das Sie ein Tuch legen. Lassen Sie die Wand etwas antrocknen. Der Ton darf auf einer gewölbten Form aber nicht durchtrocknen, denn sonst kann er nicht schwinden und reißt. Fügen Sie nun die lederhart gewölbte Wand auf die lederharte Rückwand. Dazu rauen Sie die Verbindungsflächen mit der Gabel auf und be-

streichen diese mit Schlicker. Damit die Nahtstellen beim Trocknen und Brennen nicht aufreißen, verstreichen Sie Schlicker, bis kein Übergang mehr sichtbar ist. Bei konischen Formen – wie dieser hier – ist der Druck auf die Verbindungsstellen besonders hoch. Deshalb verstreiche ich zusätzlich ein dünnes feuchtes Tonröllchen von innen in den Verbindungen. Setzen Sie nun die Bodenplatte durch sorgfältiges Rauen und Schlickern an. Aus dünnen Tonplatten schneiden Sie eine Blüte mit Stängel und Blättern aus und schlickern diese auf den Luftbefeuchter. Nach dem Trocknen wird das Gefäß im Schrühbrand gebrannt. Falls Tonkrümel rund um das aufgeschlickerte Muster an den Wänden haften, so entfernen Sie diese durch vorsichtiges Schleifen mit grobem Schleifpapier. Glasieren Sie den Luftbefeuchter mit einem Borstenpinsel von innen und außen und auch im Musterbereich sorgfältig. Nun wird das Gefäß im Glasurbrand bei 1070 Grad gebrannt.

Tipp: Statt der Tulpe können Sie auch eine Wulst zu einer Spirale aufrollen, anschlickern und mit dem Luftbefeuchter verbinden, s. Abbildung.

Vase mit Rose

Material

- rotbrennender Ton, Typ 2505
- Glasur in Magnolie, Zartgrün und Altrosa
- Höhe 20 cm, Grundplatte 11 cm Ø

Anleitung

Bei dieser Vase ist die Wandung länger als der Umfang des Bodens, d.h. dass bei der senkrechten Verbindungsnaht nicht die Kanten der Wand aufeinander treffen, sondern sich die Wandung an den Seiten überlappt. Rollen Sie den Ton ca. 1 cm stark aus, und schneiden Sie für die Wandung ein Rechteck in der Größe 22 x 38 cm aus, für den Boden eine Platte mit dem Durchmesser von 12 cm. Damit sich die Wandung besser auf die Bodenplatte montieren lässt, lassen Sie den Ton etwa 1 Stunde leicht antrocknen.

Richten Sie nun die Wandung auf, sodass sie später auf den Boden passt. Rauen Sie die Überlappungsstelle der Wandung an, und tragen Sie Schlicker auf. Drücken Sie nun die Verbindungsstelle gut fest. Rauen Sie die Verbindungsflächen auf dem Boden und der unteren Kante der Wandung gut an, tragen Sie den Schlicker auf, und setzen Sie die bereits zusammengefügte Wandung auf den Boden. Von innen drücken Sie nun ein dünnes Tonröllchen zur besseren Verbindung von Boden und Wand hinein und verstreichen es sorgfältig. Wellen Sie den oberen und den seitlichen Rand, und drücken Sie ihn leicht nach außen. Dekorieren Sie nun die Vase an der Überlappungsstelle mit einer Rosenblüte. Dazu rollen Sie für den Stängel ein dünnes 20 cm langes Tonröllchen aus. Die Blüte stellen Sie ebenfalls aus einer Rolle von ca. 12 cm Länge und 1 cm Durchmesser her. Klopfen Sie diese Rolle flach, und drehen Sie sie auf. Drücken Sie die entstandene Spirale unten fest zusammen und schneiden Sie den unteren Teil auf.

Formen Sie aus einer flachgedrückten Kugel die Blätter, und schlickern Sie Stängel, Blüte und Blätter auf die Überlappungs-

stelle. Nach dem Trocknen wird die Vase bei 900 Grad geschrüht. Tragen Sie mit einem Borstenpinsel die Glasur innen und außen auf.

Achten Sie darauf, dass die Glasur auch im Musterbereich sorgfältig aufgetragen wird. Dann wird die Vase im Glasurbrand ein zweites Mal gebrannt.

Vorratsdosen

Material

- schwarzbrennender Ton, Typ 2505
- Glasur in Chinabeige
- Ball oder runde Schüssel
- Höhe 20 cm, Grundplatte 11 x 11 cm

Anleitung

Wenn Sie mehrere Vorratsdosen anfertigen wollen, stellen Sie am besten Schablonen aus Papier her, und zwar in der Größe der Wände von 2 Stück je 12 x 22 cm und 2 Stück von 10,5 x 22 cm sowie in der Größe des Bodens von 12 x 12 cm. Rollen Sie den Ton knapp 1 cm stark aus. Schneiden Sie die 4 Teile nach der Schablone aus. Lassen Sie alle 5 Platten einige Stunden lederhart antrocknen, sodass sie sich beim Aufstellen nicht mehr verbiegen. Für den Deckel benötigen Sie eine 12,5 x 12,5 cm große Tonplatte. Die leichte Wölbung entsteht dadurch, dass die Platte zum Antrocknen für kurze Zeit auf einen dicken Ball gelegt wird. Natürlich kann man auch einen anderen runden Gegenstand, wie z. B. ein Küchensieb oder eine runde Schüssel, benutzen. Damit die Tonplatte nicht auf dem Gegenstand klebt, sollten Sie ein dünnes Tuch dazwischen legen. Ist der Deckel leicht angetrocknet, formen Sie den Henkel. Dazu schneiden Sie aus der Tonplatte einen Streifen von 10 x 1 cm und formen einen Ring. Dieser Ring wird auf

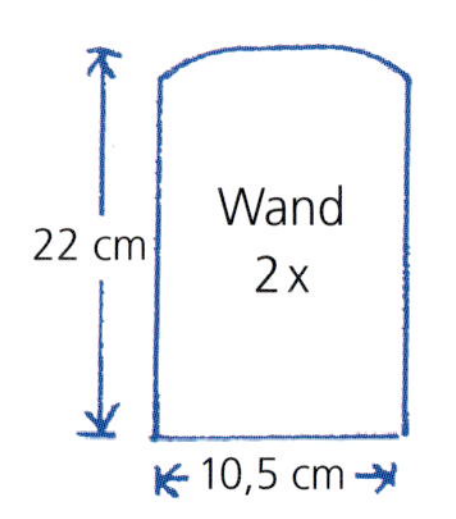

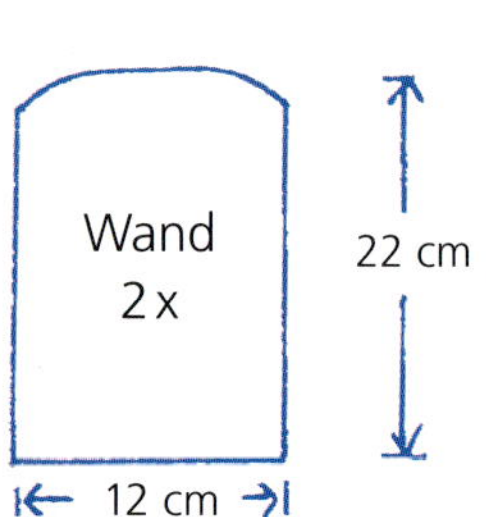

Mehl

Reis

dem Deckel durch Anrauen und Schlickern befestigt. Fügen Sie nun die lederharten Tonplatten der Vorratsdose sorgfältig zusammen. Dazu rauen Sie die Verbindungsflächen mit der Gabel auf und bestreichen diese mit Schlicker. Damit die Nahtstellen beim Trocknen und Brennen nicht aufreißen, drücken und streichen Sie den Schlicker in diese Stelle, bis kein Übergang mehr sichtbar ist. Verstreichen Sie zusätzlich ein dünnes feuchtes Tonröllchen von innen in den Verbindungen zwischen Boden und den Seiten. Schneiden Sie die vier Seiten oben leicht abgerundet zu, und setzen Sie den Deckel darauf.

Je nach Deckelwölbung korrigieren Sie die Rundung der Wände. Aus dünnen Tonwülsten formen Sie die Schrift und schlickern diese auf das Gefäß. Nach dem Trocknen wird die Vorratsdose mit Deckel im Schrühbrand gebrannt.

Falls nach diesem Brand noch Tonkrümel am Gefäß haften, schleifen Sie diese mit grobem Schleifpapier ab. Tragen Sie nun mit einem Borstenpinsel die Glasur innen und außen auf. Tragen Sie die Glasur auch im Schriftbereich sorgfältig auf. Danach wird das Gefäß im Glasurbrand bei 1070 Grad gebrannt, wobei der Deckel natürlich nicht aufliegen darf.

Wellenschüssel

Material

- rotbrennender Ton, Typ 2510 oder 4005
- Glasur in Blaueffekt
- hohe gutstehende Vase mit etwa 15 cm Durchmesser
- Ball von etwa 20 cm Durchmesser
- Leinentuch

Anleitung

Um den Schüsselrand richtig schwungvoll zu wellen, baut man aus dem Ball und der Vase eine Hilfskonstruktion. Die Schale wird nicht – wie üblich – von unten nach oben aufgebaut, sondern umgekehrt. Die Tonplatte hängt auf dem Ball, die Öffnung der Schale zeigt nach unten. Legen Sie den Ball auf die Vasenöffnung. Über den Ball decken Sie nun das Leinentuch, damit der Ton später nicht festklebt. Rollen Sie den Ton etwa 1 cm stark aus. Schneiden Sie daraus eine Platte mit einem Durchmesser von ca. 40 cm. Brechen Sie die Schnittkante mit dem Finger, damit der Ton nach dem Brennen keine scharfen Kanten aufweist. Legen Sie nun vorsichtig die große Tonplatte mittig auf den Ball, und bringen Sie die runterhängenden Tonwände in Wellenform. Bis die Schüssel sich nicht mehr verformt, lassen Sie sie für einige Stunden auf der Konstruktion lederhart antrocknen. Nehmen Sie die Schüssel ab, und klopfen Sie den Schüsselboden vorsichtig auf einer Holzplatte, sodass sich ein gerader Boden ergibt. Sollte der Ton bereits zu fest sein, so legen Sie ein feuchtes Tuch darauf, und klopfen Sie den Boden eine halbe Stunde später erneut. Nach dem Trocknen wird die Schüssel im Schrühbrand gebrannt. Ist die Glasur aufgetragen, wird die Schüssel in einem zweiten Brand bei 1070 Grad gebrannt.

Tipp: Soll die Wellenschüssel kleiner sein, so nehmen Sie einfach einen kleineren Ball zur Formgebung. Über einem Tennisball lassen sich sehr schöne Dessertschälchen wellen.

Gefäße mit Rundformen

Halbkugelformen aus Gips sind ideale Hilfen, um kugelförmige Grundformen schnell und einfach mit einer glatten Oberfläche herzustellen. Halbkugelformen aus Gips sind preiswert und in verschiedenen Größen im Fachhandel zu beziehen.

Zwiebeltopf

Material

- weißbrennender Ton, Typ 2505
- Braunstein
- Gipshalbschale, 15 cm ∅
- Ausstecher für Apfelgehäuse
- Höhe 21 cm

Anleitung

Durch Einformen von Ton in eine Gipshalbschale ist es möglich, runde Kugeln oder Gefäße auch ohne Töpferscheibe zu arbeiten. Schneiden Sie von dem Tonballen ein etwa zwei cm dickes Stück ab. Biegen Sie dieses Stück in den Händen schon etwas halbrund. Das so vorgeformte Tonstück wird in die Gipshalbschale gelegt und der Ton mit Druck an der Wand nach oben geschoben. Die Wandstärke soll ca. 1 cm betragen. Sie können dieses durch Einstechen mit einem Schaschlikstäbchen prüfen. Die überstehende Tonwand wird mit einem Plastik-Teigschaber oder einem Modellierholz abgeschnitten. Nehmen Sie hierzu kein Messer, denn damit verletzen Sie leicht die Gipsschale. Der abgesplitterte Gips könnte dann in den Ton eindringen, was beim Trocknen zu Rissen führt. Glätten Sie nun die Innenseite und achten Sie darauf, dass eine gleichmäßige Randstärke von 1 cm erhalten bleibt, denn das ist die Voraussetzung für ein problemloses Aneinanderfügen beider Halbschalen. Ist die Gipsform trocken, so löst sich der Ton nach wenigen Minuten aus der Form. Ist die Gipsform nass, so dauert das Loslösen des Tons von der Gipswand länger. Legen Sie ein rundes Holzbrettchen auf die Öffnung der Halbschale, drehen Sie diese mit dem Brettchen um, und stürzen Sie die Form. Die Tonhalbkugel ruht nun unbeschadet auf dem Brett. Zeigt die Halbkugelform Unebenheiten oder feine Risse an der Oberseite, so verstreichen Sie diese mit den Fingern oder mit dem Teigschaber. Arbeiten Sie die zweite Halbkugelform ebenso wie die erste. Allerdings brauchen Sie diese zweite Halbkugel nicht aus der Form herauszunehmen.

Rauen Sie die Ränder beider Halbkugelformen gut an, tragen Sie Schlicker satt mit dem Pinsel auf, und fügen Sie beide Teile mit leichtem Druck zusammen. Da die Kugel noch nass ist und damit sie sich bei der weiteren Bearbeitung nicht verzieht, sollte man sie ruhig 2 Stunden in der Form lassen. Danach kann man sie problemlos aus der Form nehmen und die Nahtstelle versäubern. Unebenheiten an der Naht kann man mit dünnen Tonröllchen ausschmieren.

Aus einer dicken Tonwulst formen Sie die Zwiebelspitze. Formen Sie zwei Tonkugeln für die Augen, schlickern Sie diese auf und

stechen Sie mit dem Apfelausstecher zwei Löcher hindurch. Stechen Sie dort, wo Sie die Nase anbringen wollen, ein Loch in das Gefäß, formen Sie eine angespitze Tonkugel, tragen Sie Schlicker im Bereich des Loches auf, und schieben Sie die Tonkugel mit leichtem Druck hinein.

Formen Sie den Mund ebenso aus zwei Tonwülsten, und schlickern Sie diese auf. Stechen Sie in die Mitte des Mundes ein Loch. Ist das Gefäß etwas angetrocknet, so schneiden Sie den Deckel wellig ab. Nun können Sie den Topf von innen im Bereich des Gesichtes noch versäubern und auch die Zwiebelspitze weiter ausformen.

Nach dem Trocknen wird das Gefäß mit aufgesetztem Deckel im Schrühbrand gebrannt.

Bevor Sie mit einem Borstenpinsel den Braunstein auftragen, schleifen Sie Tonkrümel mit grobem Schleifpapier weg. Waschen Sie mit einem Schwamm den Braunstein wieder ab, sodass die dunkelbraune Färbung nur in den Vertiefungen erhalten bleibt. Nun wird das Gefäß erneut im Glasurbrand bei 1070 Grad gebrannt.

Knoblauchtopf

Material

- weißbrennender Ton, Typ 2505
- Braunstein
- Gipshalbschale, 12 cm ∅
- Ausstecher für Apfelgehäuse
- Höhe 21 cm

Anleitung

Arbeiten Sie den Knoblauchtopf genauso wie den Zwiebeltopf.

Herzförmige Schalen auf Fuß

Material

- weißbrennender Ton, Typ 2505
- Glasur in Blaugranit
- flache Gipshalbschale, ∅ 35 cm oder große flache Obstschale
- Gipshalbkugel, ∅ 10 cm
- Leinen- oder Baumwolltuch
- Größe der Platte, ∅ etwa 30 cm

Anleitung

Rollen Sie den Ton zu einer Platte von ca. 1 cm Stärke aus, und schneiden Sie ein entsprechend großes Herz zu. Drücken Sie die Kanten etwas flach. Legen Sie dieses Herz zum Antrocknen in eine Gipsschale oder in eine Obstschale, die Sie mit einem Tuch glatt ausschlagen. Schneiden Sie von dem Tonballen ein Stück ab, und formen Sie den Ton zu einer glatten Kugel in der Größe eines Tischtennisballes. Drücken Sie die Kugel in die Gipshalbschale, und ziehen Sie den Ton mit Druck an der Wand nach oben. Die Wandstärke soll ca. 1 cm betragen. Sie können dieses durch Einstechen mit einem Schaschlikstäbchen prüfen. Die überstehende Tonwand wird mit einem Plastik-Teigschaber oder einem

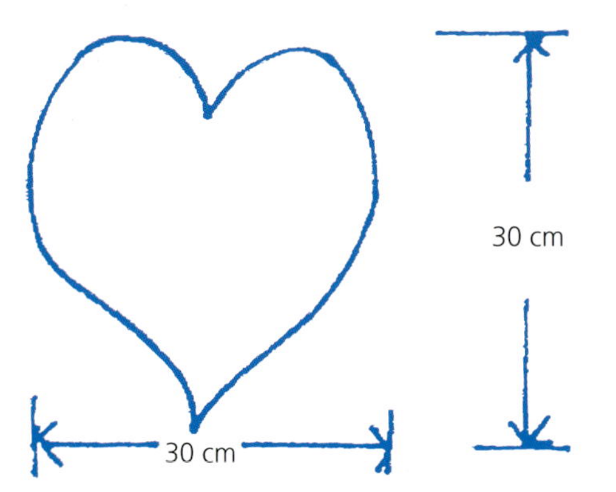

Modellierholz abgeschnitten. Nehmen Sie hierzu kein Messer, sonst verletzen Sie möglicherweise die Gipsschale. Der abgesplitterte Gips könnte außerdem in den Ton eindringen, was beim Trocknen zu Rissen führt. Glätten Sie nun die Innenseite, und achten Sie darauf, dass eine gleichmäßige Randstärke von 1 cm erhalten bleibt. Ist die Gipsform trocken, so löst sich der Ton nach wenigen Minuten aus der Form. Ist die Gipsform nass, so dauert das Loslösen des Tons von der Gipswand länger. Legen Sie ein rundes Holzbrettchen auf die Öffnung der Halbschale und stürzen die Form. Die Tonhalbkugel ruht nun unbeschadet auf dem Brett. Mit den Fingern oder dem Teigschaber können Sie Unebenheiten oder feine Risse an der Oberseite ausgleichen. Montieren Sie die Halbkugel auf den rückwärtigen Boden der Herzform durch Anrauen und Schlickern. Nach dem vollständigen Trocknen wird das Gefäß im Schrühbrand gebrannt. Tragen Sie die Glasur mit einem Borstenpinsel auf. Nun wird das Gefäß erneut im Glasurbrand bei 1070 Grad gebrannt.

Tipp: Lassen Sie sich von der Abbildung inspirieren. Durch leichte Veränderungen der Glasur können Sie ganz besondere Akzente schaffen.

Gewellte Platte auf drei Kugelfüßen

Material

- weißbrennender Ton, Typ 2505
- Glasur in Orangegranit
- flache Gipshalbschale, ∅ 35 cm, oder große flache Obstschale
- Leinen- oder Baumwolltuch
- Größe der Platte 20 x 16 cm

Anleitung

Rollen Sie den Ton zu einer Platte von ca. 1 cm Stärke aus, und schneiden Sie ein entsprechend großes Rechteck zu.

Drücken Sie die Kanten etwas flach. Legen Sie dieses Rechteck zum Antrocknen in

eine Gipsschale oder in eine Obstschale, die Sie mit einem Tuch glatt ausschlagen. Formen Sie drei Tonkugeln, und lassen Sie diese auch etwas antrocknen.

Wenn die Kugeln lederhart geworden sind, rauen und schlickern Sie sie auf den Boden der Platte. Nach dem vollständigen Trocknen wird das Gefäß im Schrühbrand gebrannt.

Tragen Sie die Glasur mit einem Borstenpinsel auf, und brennen Sie das Gefäß erneut bei 1070 Grad.

Schalen auf Fuß

Material

- weißbrennender Ton, Typ 2505
- Glasur in Blaugranit
- Gipshalbkugeln, ∅ 10 und 25 cm
- Größe der Schale, ∅ etwa 25 cm

Anleitung

Rollen Sie den Ton zu einer Platte von ca. 1 cm Stärke aus, und schneiden Sie eine entsprechend große Schale gemäß der Zeichnung zu. Drücken Sie die Kanten etwas flach. Legen Sie dieses Tonstück zum Antrocknen in eine Gipshalbkugel. Formen Sie ein Stück Ton zu einer glatten Kugel in der Größe eines Tischtennisballes. Drücken Sie den Ton in die Gipsform und ziehen ihn mit Druck an der Wand nach oben. Die Wandstärke sollte ca. 1 cm betragen, dies können Sie durch Einstechen eines Schaschlikstäbchens überprüfen. Mit einem Plastik-Teigschaber oder einem Modellierholz wird der überstehende Ton abgeschnitten. Ein Messer sollten Sie hierzu nicht benutzen. Sie geraten leicht in die Gipsform, und dann dringen Gipssplitter in den Ton ein, die beim Trocknen zu Rissen führen. Während Sie die Innenseite glätten, achten Sie darauf, dass eine Randstärke von 1 cm erhalten bleibt. Wenn die Gipsform trocken ist, können Sie den Ton aus der Form herauslösen. Stürzen Sie die Form mit Hilfe eines Holzbrettchens. Zeigt Ihre Halbkugel

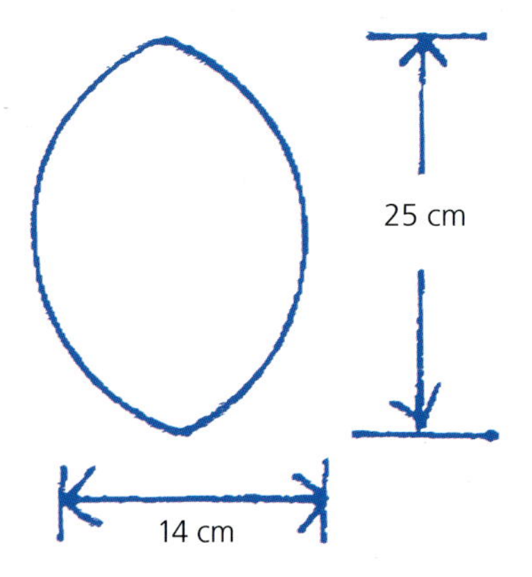

aus Ton Unebenheiten oder feine Risse auf, benutzen Sie den Teigschaber oder Ihre Finger zum Glätten. Durch Anrauen und Schlickern bringen Sie die Tonkugel auf dem rückwärtigen Boden der Schalenform an. Nach dem Schrühbrand tragen Sie die Glasur auf und brennen das Gefäß erneut bei 1070 Grad.

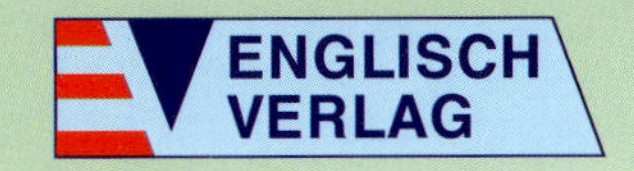

ISBN 3-8241-1155-1
Broschur, 64 Seiten

ISBN 3-8241-1143-8
Broschur, 64 Seiten

ISBN 3-8241-1117-9
Broschur, 64 Seiten

ISBN 3-8241-0979-4
Broschur, 64 Seiten

ISBN 3-8241-1068-7
Broschur, 64 Seiten

ISBN 3-8241-1046-6
Broschur, 64 Seiten

Lust auf Mehr?

Liebe Leserin, lieber Leser,
natürlich haben wir noch viele andere Bücher im Programm.
Gerne senden wir Ihnen unser Gesamtverzeichnis zu.
Auch auf Ihre Anregungen und Vorschläge sind wir gespannt.
Rufen Sie uns einfach an oder schreiben Sie uns.

Englisch Verlag GmbH
Postfach 2309 · 65013 Wiesbaden
Telefon 06 11/9 42 72-0 · Telefax 06 11/9 42 72 30
E-Mail info@englisch-verlag.de
Internet http://www.englisch-verlag.de